2021

JANUARY

S	M	T	W	T	F	S
					1	2
3	4	5	6	7	8	9
10	11	12	13	14	15	16
17	18	19	20	21	22	23
24	25	26	27	28	29	30
31						

FEBRUARY

S	M	T	W	T	F	S
	1	2	3	4	5	6
7	8	9	10	11	12	13
14	15	16	17	18	19	20
21	22	23	24	25	26	27
28						

MARCH

S	M	T	W	T	F	S
	1	2	3	4	5	6
7	8	9	10	11	12	13
14	15	16	17	18	19	20
21	22	23	24	25	26	27
28	29	30	31			

APRIL

S	M	T	W	T	F	S
				1	2	3
4	5	6	7	8	9	10
11	12	13	14	15	16	17
18	19	20	21	22	23	24
25	26	27	28	29	30	

MAY

S	M	T	W	T	F	S
						1
2	3	4	5	6	7	8
9	10	11	12	13	14	15
16	17	18	19	20	21	22
23	24	25	26	27	28	29
30	31					

JUNE

S	M	T	W	T	F	S
		1	2	3	4	5
6	7	8	9	10	11	12
13	14	15	16	17	18	19
20	21	22	23	24	25	26
27	28	29	30			

JULY

S	M	T	W	T	F	S
				1	2	3
4	5	6	7	8	9	10
11	12	13	14	15	16	17
18	19	20	21	22	23	24
25	26	27	28	29	30	31

AUGUST

S	M	T	W	T	F	S
1	2	3	4	5	6	7
8	9	10	11	12	13	14
15	16	17	18	19	20	21
22	23	24	25	26	27	28
29	30	31				

SEPTEMBER

S	M	T	W	T	F	S
			1	2	3	4
5	6	7	8	9	10	11
12	13	14	15	16	17	18
19	20	21	22	23	24	25
26	27	28	29	30		

OCTOBER

S	M	T	W	T	F	S
					1	2
3	4	5	6	7	8	9
10	11	12	13	14	15	16
17	18	19	20	21	22	23
24	25	26	27	28	29	30
31						

NOVEMBER

S	M	T	W	T	F	S
	1	2	3	4	5	6
7	8	9	10	11	12	13
14	15	16	17	18	19	20
21	22	23	24	25	26	27
28	29	30				

DECEMBER

S	M	T	W	T	F	S
			1	2	3	4
5	6	7	8	9	10	11
12	13	14	15	16	17	18
19	20	21	22	23	24	25
26	27	28	29	30	31	

JANUARY

SUNDAY	MONDAY	TUESDAY
3	4	5
10	11	12
17	18	19
	Martin Luther King. Jr. Day	
24 / 31	25	26

2021

WEDNESDAY	THURSDAY	FRIDAY	SATURDAY
		1 New Year's Day	2
6	7	8	9
13	14	15	16
20	21	22	23
27	28	29	30

FEBRUARY

NOTES

SUNDAY	MONDAY	TUESDAY
	1	2
7	8	9
14 Valentine's Day	15 Presidents' Day	16
21	22	23
28		

2021

WEDNESDAY	THURSDAY	FRIDAY	SATURDAY
3	4	5	6
10	11	12	13
17	18	19	20
24	25	26	27

MARCH

NOTES

SUNDAY	MONDAY	TUESDAY
	1	2
7	8	9
14	15	16
Daylight Savings Time Begins		
21	22	23
28	29	30
Passover Begins		

2021

WEDNESDAY	THURSDAY	FRIDAY	SATURDAY
3	4	5	6
10	11	12	13
17 St. Patrick's Day	18	19	20 First Day of Spring
24	25	26	27
31			

APRIL

SUNDAY	MONDAY	TUESDAY
4	5	6
Easter		
11	12	13
18	19	20
25	26	27

2021

WEDNESDAY	THURSDAY	FRIDAY	SATURDAY
	1 April Fool's Day	2	3
7	8	9	10
14	15	16	17
21	22	23	24
28	29	30	

MAY

SUNDAY	MONDAY	TUESDAY
2	3	4
9	10	11
Mother's Day		
16	17	18
23	24	25
30	Memorial Day 31	

2021

WEDNESDAY	THURSDAY	FRIDAY	SATURDAY
			1
5	6	7	8
12	13	14	15
19	20	21	22
26	27	28	29

JUNE

SUNDAY	MONDAY	TUESDAY
		1
6	7	8
13	14	15
20	21	22
27 Father's Day First Day of Summer	28	29

2021

WEDNESDAY	THURSDAY	FRIDAY	SATURDAY
2	3	4	5
9	10	11	12
16	17	18	19
23	24	25	26
30			

JULY

SUNDAY	MONDAY	TUESDAY
4 Independence Day	5	6
11	12	13
18	19	20
25	26	27

2021

WEDNESDAY	THURSDAY	FRIDAY	SATURDAY
	1	2	3
7	8	9	10
14	15	16	17
21	22	23	24
28	29	30	31

AUGUST

SUNDAY	MONDAY	TUESDAY
1	2	3
8	9	10
15	16	17
22	23	24
29	30	31

2021

WEDNESDAY	THURSDAY	FRIDAY	SATURDAY
4	5	6	7
11	12	13	14
18	19	20	21
25	26	27	28

SEPTEMBER

SUNDAY	MONDAY	TUESDAY
5	6	7
	Labor Day	
12	13	14
19	20	21
26	27	28

2021

WEDNESDAY	THURSDAY	FRIDAY	SATURDAY
1	2	3	4
8	9	10	11 Patriot Day
15	16	17	18
22 First Day of Autumn	23	24	25
29	30		

OCTOBER

SUNDAY	MONDAY	TUESDAY
3	4	5
10	11	12
	Columbus Day	
17	18	19
24	25	26
Halloween 31		

2021

WEDNESDAY	THURSDAY	FRIDAY	SATURDAY
		1	2
6	7	8	9
13	14	15	16
20	21	22	23
27	28	29	30

NOVEMBER

NOTES

SUNDAY	MONDAY	TUESDAY
	1	2
7 Daylight Saving Time Ends	8	9
14	15	16
21	22	23
28 Hanukkah Begins	29	30

2021

WEDNESDAY	THURSDAY	FRIDAY	SATURDAY
3	4	5	6
10	11 Veterans Day	12	13
17	18	19	20
24	25 Thanksgiving	26	27

DECEMBER

SUNDAY	MONDAY	TUESDAY
5	6	7
12	13	14
19	20	21 First Day of Winter
26	27	28

2021

WEDNESDAY	THURSDAY	FRIDAY	SATURDAY
1	2	3	4
8	9	10	11
15	16	17	18
22	23	24 Christmas Eve	25 Christmas
29	30	31 New Year's Eve	

DECEMBER

S M T W T F S
1 2 3 4 5
6 7 8 9 10 11 12
13 14 15 16 17 18 19
20 21 22 23 24 25 26
27 28 29 30 31

28 MONDAY

29 TUESDAY

30 WEDNESDAY

31 THURSDAY

JANUARY

1 FRIDAY

2 SATURDAY

3 SUNDAY

JANUARY

4 MONDAY

5 TUESDAY

6 WEDNESDAY

7 THURSDAY

8 FRIDAY

9 SATURDAY

10 SUNDAY

JANUARY

11 MONDAY

12 TUESDAY

13 WEDNESDAY

14 THURSDAY

S	M	T	W	T	F	S
					1	2
3	4	5	6	7	8	9
10	11	12	13	14	15	16
17	18	19	20	21	22	23
24	25	26	27	28	29	30
31						

15 FRIDAY

16 SATURDAY

17 SUNDAY

JANUARY

18 MONDAY

19 TUESDAY

20 WEDNESDAY

21 THURSDAY

22 FRIDAY

23 SATURDAY

24 SUNDAY

JANUARY

25 MONDAY

26 TUESDAY

27 WEDNESDAY

28 THURSDAY

29 FRIDAY

30 SATURDAY

31 SUNDAY

FEBRUARY

1 MONDAY

2 TUESDAY

3 WEDNESDAY

4 THURSDAY

5 FRIDAY

6 SATURDAY

7 SUNDAY

FEBRUARY

8 MONDAY

9 TUESDAY

10 WEDNESDAY

11 THURSDAY

12 FRIDAY

13 SATURDAY

14 SUNDAY

FEBRUARY

15 MONDAY

16 TUESDAY

17 WEDNESDAY

18 THURSDAY

19 FRIDAY

20 SATURDAY

21 SUNDAY

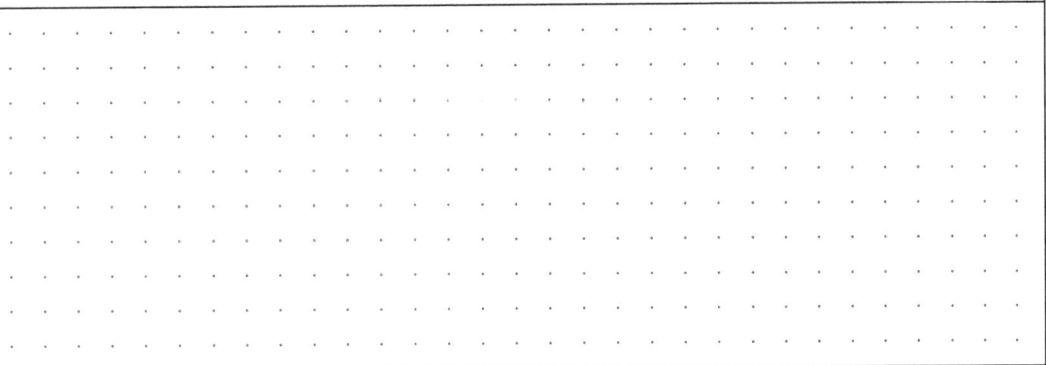

FEBRUARY

22 MONDAY

23 TUESDAY

24 WEDNESDAY

25 THURSDAY

S	M	T	W	T	F	S
	1	2	3	4	5	6
7	8	9	10	11	12	13
14	15	16	17	18	19	20
21	22	23	24	25	26	27
28						

26 FRIDAY

27 SATURDAY

28 SUNDAY

MARCH

1 MONDAY

2 TUESDAY

3 WEDNESDAY

4 THURSDAY

S	M	T	W	T	F	S
		1	2	3	4	5	6
7	8	9	10	11	12	13
14	15	16	17	18	19	20
21	22	23	24	25	26	27
28	29	30	31			

5 FRIDAY

6 SATURDAY

7 SUNDAY

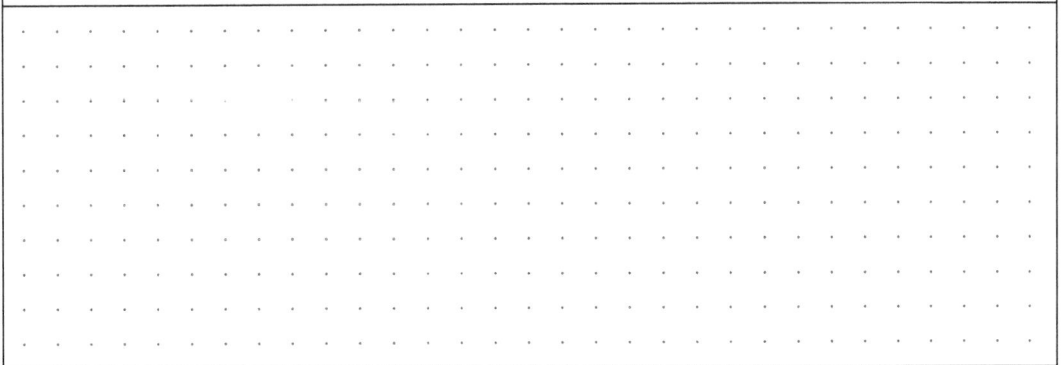

MARCH

8 MONDAY

9 TUESDAY

10 WEDNESDAY

11 THURSDAY

S	M	T	W	T	F	S
		1	2	3	4	5	6
7	8	9	10	11	12	13
14	15	16	17	18	19	20
21	22	23	24	25	26	27
28	29	30	31			

12 FRIDAY

13 SATURDAY

14 SUNDAY

MARCH

15 MONDAY

16 TUESDAY

17 WEDNESDAY

18 THURSDAY

S	M	T	W	T	F	S
		1	2	3	4	5	6
7	8	9	10	11	12	13
14	15	16	17	18	19	20
21	22	23	24	25	26	27
28	29	30	31			

19 FRIDAY

20 SATURDAY

21 SUNDAY

MARCH

22 MONDAY

23 TUESDAY

24 WEDNESDAY

25 THURSDAY

S	M	T	W	T	F	S
		1	2	3	4	5	6
7	8	9	10	11	12	13
14	15	16	17	18	19	20
21	22	23	24	25	26	27
28	29	30	31			

26 FRIDAY

27 SATURDAY

28 SUNDAY

MARCH

S M T W T F S
      1 2 3 4 5 6
7 8 9 10 11 12 13
14 15 16 17 18 19 20
21 22 23 24 25 26 27
28 29 30 31

29 MONDAY

30 TUESDAY

31 WEDNESDAY

1 THURSDAY

APRIL

S M T W T F S
               1 2 3
4 5 6 7 8 9 10
11 12 13 14 15 16 17
18 19 20 21 22 23 24
25 26 27 28 29 30

2 FRIDAY

3 SATURDAY

4 SUNDAY

APRIL

5 MONDAY

6 TUESDAY

7 WEDNESDAY

8 THURSDAY

S	M	T	W	T	F	S
				1	2	3
4	5	6	7	8	9	10
11	12	13	14	15	16	17
18	19	20	21	22	23	24
25	26	27	28	29	30	

9 FRIDAY

10 SATURDAY

11 SUNDAY

APRIL

12 MONDAY

13 TUESDAY

14 WEDNESDAY

15 THURSDAY

S	M	T	W	T	F	S
				1	2	3
4	5	6	7	8	9	10
11	12	13	14	15	16	17
18	19	20	21	22	23	24
25	26	27	28	29	30	

16 FRIDAY

17 SATURDAY

18 SUNDAY

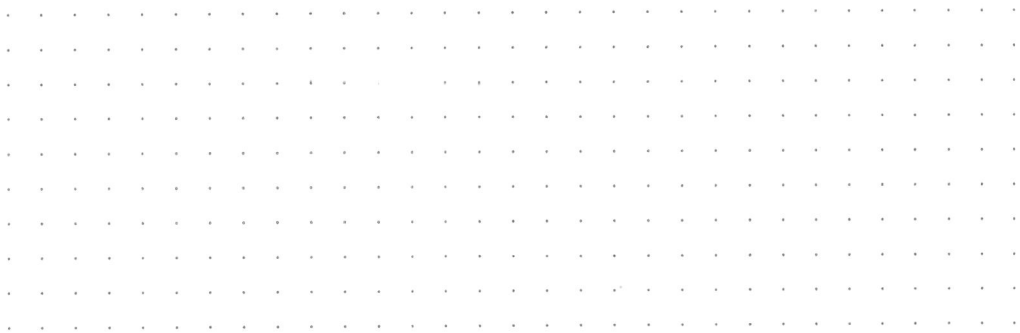

APRIL

19 MONDAY

20 TUESDAY

21 WEDNESDAY

22 THURSDAY

S	M	T	W	T	F	S
				1	2	3
4	5	6	7	8	9	10
11	12	13	14	15	16	17
18	19	20	21	22	23	24
25	26	27	28	29	30	

23 FRIDAY

24 SATURDAY

25 SUNDAY

APRIL

S M T W T F S
             1 2 3
4 5 6 7 8 9 10
11 12 13 14 15 16 17
18 19 20 21 22 23 24
25 26 27 28 29 30

26 MONDAY

27 TUESDAY

28 WEDNESDAY

29 THURSDAY

MAY

S M T W T F S
                  1
2 3 4 5 6 7 8
9 10 11 12 13 14 15
16 17 18 19 20 21 22
23 24 25 26 27 28 29
30 31

30 FRIDAY

1 SATURDAY

2 SUNDAY

MAY

3 MONDAY

4 TUESDAY

5 WEDNESDAY

6 THURSDAY

S	M	T	W	T	F	S
						1
2	3	4	5	6	7	8
9	10	11	12	13	14	15
16	17	18	19	20	21	22
23	24	25	26	27	28	29
30	31					

7 FRIDAY

8 SATURDAY

9 SUNDAY

MAY

10 MONDAY

11 TUESDAY

12 WEDNESDAY

13 THURSDAY

S	M	T	W	T	F	S
						1
2	3	4	5	6	7	8
9	10	11	12	13	14	15
16	17	18	19	20	21	22
23	24	25	26	27	28	29
30	31					

14 FRIDAY

15 SATURDAY

16 SUNDAY

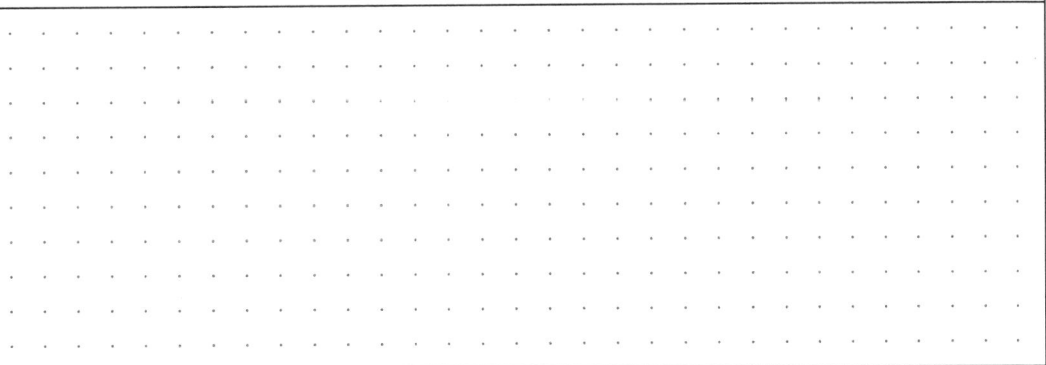

MAY

17 MONDAY

18 TUESDAY

19 WEDNESDAY

20 THURSDAY

S	M	T	W	T	F	S
						1
2	3	4	5	6	7	8
9	10	11	12	13	14	15
16	17	18	19	20	21	22
23	24	25	26	27	28	29
30	31					

21 FRIDAY

22 SATURDAY

23 SUNDAY

MAY

24 MONDAY

25 TUESDAY

26 WEDNESDAY

27 THURSDAY

S	M	T	W	T	F	S
						1
2	3	4	5	6	7	8
9	10	11	12	13	14	15
16	17	18	19	20	21	22
23	24	25	26	27	28	29
30	31					

28 FRIDAY

29 SATURDAY

30 SUNDAY

MAY

S M T W T F S
1
2 3 4 5 6 7 8
9 10 11 12 13 14 15
16 17 18 19 20 21 22
23 24 25 26 27 28 29
30 31

31 MONDAY

1 TUESDAY

2 WEDNESDAY

3 THURSDAY

JUNE

S	M	T	W	T	F	S
		1	2	3	4	5
6	7	8	9	10	11	12
13	14	15	16	17	18	19
20	21	22	23	24	25	26
27	28	29	30			

4 FRIDAY

5 SATURDAY

6 SUNDAY

JUNE

7 MONDAY

8 TUESDAY

9 WEDNESDAY

10 THURSDAY

S	M	T	W	T	F	S
		1	2	3	4	5
6	7	8	9	10	11	12
13	14	15	16	17	18	19
20	21	22	23	24	25	26
27	28	29	30			

11 FRIDAY

12 SATURDAY

13 SUNDAY

JUNE

14 MONDAY

15 TUESDAY

16 WEDNESDAY

17 THURSDAY

S	M	T	W	T	F	S
		1	2	3	4	5
6	7	8	9	10	11	12
13	14	15	16	17	18	19
20	21	22	23	24	25	26
27	28	29	30			

18 FRIDAY

19 SATURDAY

20 SUNDAY

JUNE

21 MONDAY

22 TUESDAY

23 WEDNESDAY

24 THURSDAY

S	M	T	W	T	F	S
		1	2	3	4	5
6	7	8	9	10	11	12
13	14	15	16	17	18	19
20	21	22	23	24	25	26
27	28	29	30			

25 FRIDAY

26 SATURDAY

27 SUNDAY

JUNE

S	M	T	W	T	F	S
		1	2	3	4	5
6	7	8	9	10	11	12
13	14	15	16	17	18	19
20	21	22	23	24	25	26
27	28	29	30			

28 MONDAY

29 TUESDAY

30 WEDNESDAY

1 THURSDAY

JULY

S M T W T F S
1 2 3
4 5 6 7 8 9 10
11 12 13 14 15 16 17
18 19 20 21 22 23 24
25 26 27 28 29 30 31

2 FRIDAY

3 SATURDAY

4 SUNDAY

JULY

5 MONDAY

6 TUESDAY

7 WEDNESDAY

8 THURSDAY

S	M	T	W	T	F	S
				1	2	3
4	5	6	7	8	9	10
11	12	13	14	15	16	17
18	19	20	21	22	23	24
25	26	27	28	29	30	31

9 FRIDAY

10 SATURDAY

11 SUNDAY

JULY

12 MONDAY

13 TUESDAY

14 WEDNESDAY

15 THURSDAY

S M T W T F S
                1 2 3
4 5 6 7 8 9 10
11 12 13 14 15 16 17
18 19 20 21 22 23 24
25 26 27 28 29 30 31

16 FRIDAY

17 SATURDAY

18 SUNDAY

JULY

19 MONDAY

20 TUESDAY

21 WEDNESDAY

22 THURSDAY

S	M	T	W	T	F	S
				1	2	3
4	5	6	7	8	9	10
11	12	13	14	15	16	17
18	19	20	21	22	23	24
25	26	27	28	29	30	31

23 FRIDAY

24 SATURDAY

25 SUNDAY

JULY

S	M	T	W	T	F	S
				1	2	3
4	5	6	7	8	9	10
11	12	13	14	15	16	17
18	19	20	21	22	23	24
25	26	27	28	29	30	31

26 MONDAY

27 TUESDAY

28 WEDNESDAY

29 THURSDAY

AUGUST

S M T W T F S
1 2 3 4 5 6 7
8 9 10 11 12 13 14
15 16 17 18 19 20 21
22 23 24 25 26 27 28
29 30 31

30 FRIDAY

31 SATURDAY

1 SUNDAY

AUGUST

2 MONDAY

3 TUESDAY

4 WEDNESDAY

5 THURSDAY

S	M	T	W	T	F	S
1	2	3	4	5	6	7
8	9	10	11	12	13	14
15	16	17	18	19	20	21
22	23	24	25	26	27	28
29	30	31				

6 FRIDAY

7 SATURDAY

8 SUNDAY

AUGUST

9 MONDAY

10 TUESDAY

11 WEDNESDAY

12 THURSDAY

S	M	T	W	T	F	S
1	2	3	4	5	6	7
8	9	10	11	12	13	14
15	16	17	18	19	20	21
22	23	24	25	26	27	28
29	30	31				

13 FRIDAY

14 SATURDAY

15 SUNDAY

AUGUST

16 MONDAY

17 TUESDAY

18 WEDNESDAY

19 THURSDAY

S	M	T	W	T	F	S
1	2	3	4	5	6	7
8	9	10	11	12	13	14
15	16	17	18	19	20	21
22	23	24	25	26	27	28
29	30	31				

20 FRIDAY

21 SATURDAY

22 SUNDAY

AUGUST

23 MONDAY

24 TUESDAY

25 WEDNESDAY

26 THURSDAY

S	M	T	W	T	F	S
1	2	3	4	5	6	7
8	9	10	11	12	13	14
15	16	17	18	19	20	21
22	23	24	25	26	27	28
29	30	31				

27 FRIDAY

28 SATURDAY

29 SUNDAY

AUGUST

S	M	T	W	T	F	S
1	2	3	4	5	6	7
8	9	10	11	12	13	14
15	16	17	18	19	20	21
22	23	24	25	26	27	28
29	30	31				

30 MONDAY

31 TUESDAY

1 WEDNESDAY

2 THURSDAY

SEPTEMBER

S M T W T F S
            1 2 3 4
5 6 7 8 9 10 11
12 13 14 15 16 17 18
19 20 21 22 23 24 25
26 27 28 29 30

3 FRIDAY

4 SATURDAY

5 SUNDAY

SEPTEMBER

6 MONDAY

7 TUESDAY

8 WEDNESDAY

9 THURSDAY

S	M	T	W	T	F	S
			1	2	3	4
5	6	7	8	9	10	11
12	13	14	15	16	17	18
19	20	21	22	23	24	25
26	27	28	29	30		

10 FRIDAY

11 SATURDAY

12 SUNDAY

SEPTEMBER

13 MONDAY

14 TUESDAY

15 WEDNESDAY

16 THURSDAY

S	M	T	W	T	F	S
			1	2	3	4
5	6	7	8	9	10	11
12	13	14	15	16	17	18
19	20	21	22	23	24	25
26	27	28	29	30		

17 FRIDAY

18 SATURDAY

19 SUNDAY

SEPTEMBER

20 MONDAY

21 TUESDAY

22 WEDNESDAY

23 THURSDAY

S	M	T	W	T	F	S
			1	2	3	4
5	6	7	8	9	10	11
12	13	14	15	16	17	18
19	20	21	22	23	24	25
26	27	28	29	30		

24 FRIDAY

25 SATURDAY

26 SUNDAY

SEPTEMBER

S	M	T	W	T	F	S
				1	2	3	4
5	6	7	8	9	10	11
12	13	14	15	16	17	18
19	20	21	22	23	24	25
26	27	28	29	30		

27 MONDAY

28 TUESDAY

29 WEDNESDAY

30 THURSDAY

OCTOBER

1 FRIDAY

2 SATURDAY

3 SUNDAY

OCTOBER

4 MONDAY

5 TUESDAY

6 WEDNESDAY

7 THURSDAY

8 FRIDAY

9 SATURDAY

10 SUNDAY

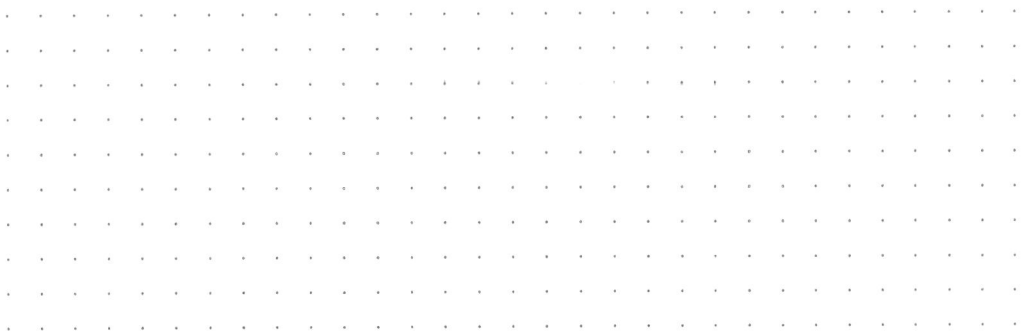

OCTOBER

11 MONDAY

12 TUESDAY

13 WEDNESDAY

14 THURSDAY

15 FRIDAY

16 SATURDAY

17 SUNDAY

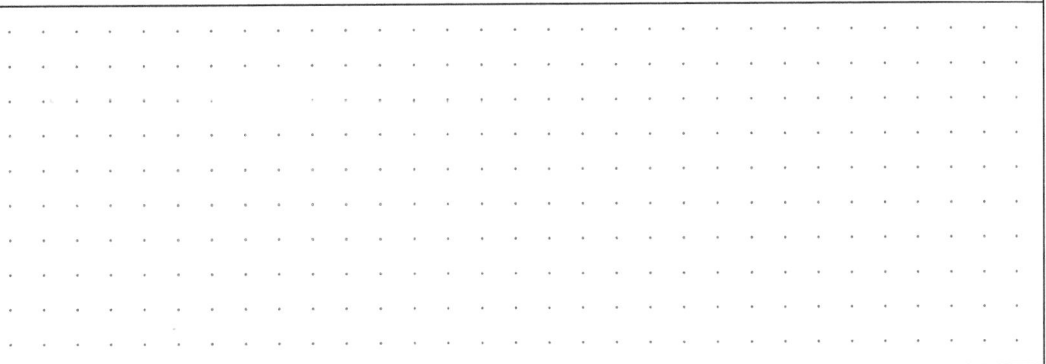

OCTOBER

18 MONDAY

19 TUESDAY

20 WEDNESDAY

21 THURSDAY

22 FRIDAY

23 SATURDAY

24 SUNDAY

OCTOBER

25 MONDAY

26 TUESDAY

27 WEDNESDAY

28 THURSDAY

29 FRIDAY

30 SATURDAY

31 SUNDAY

NOVEMBER

1 MONDAY

2 TUESDAY

3 WEDNESDAY

4 THURSDAY

S	M	T	W	T	F	S
		1	2	3	4	5	6
7	8	9	10	11	12	13
14	15	16	17	18	19	20
21	22	23	24	25	26	27
28	29	30				

5 FRIDAY

6 SATURDAY

7 SUNDAY

NOVEMBER

8   MONDAY

9   TUESDAY

10   WEDNESDAY

11   THURSDAY

S	M	T	W	T	F	S
		1	2	3	4	5	6
7	8	9	10	11	12	13
14	15	16	17	18	19	20
21	22	23	24	25	26	27
28	29	30				

12 FRIDAY

13 SATURDAY

14 SUNDAY

NOVEMBER

15 MONDAY

16 TUESDAY

17 WEDNESDAY

18 THURSDAY

S	M	T	W	T	F	S
	1	2	3	4	5	6
7	8	9	10	11	12	13
14	15	16	17	18	19	20
21	22	23	24	25	26	27
28	29	30				

19 FRIDAY

20 SATURDAY

21 SUNDAY

NOVEMBER

22 MONDAY

23 TUESDAY

24 WEDNESDAY

25 THURSDAY

S	M	T	W	T	F	S
		1	2	3	4	5	6
7	8	9	10	11	12	13
14	15	16	17	18	19	20
21	22	23	24	25	26	27
28	29	30				

26 FRIDAY

27 SATURDAY

28 SUNDAY

NOVEMBER

S	M	T	W	T	F	S
		1	2	3	4	5	6
7	8	9	10	11	12	13
14	15	16	17	18	19	20
21	22	23	24	25	26	27
28	29	30				

29 MONDAY

30 TUESDAY

1 WEDNESDAY

2 THURSDAY

DECEMBER

S M T W T F S
1 2 3 4
5 6 7 8 9 10 11
12 13 14 15 16 17 18
19 20 21 22 23 24 25
26 27 28 29 30 31

3 FRIDAY

4 SATURDAY

5 SUNDAY

DECEMBER

6 MONDAY

7 TUESDAY

8 WEDNESDAY

9 THURSDAY

S	M	T	W	T	F	S
				1	2	3	4
5	6	7	8	9	10	11
12	13	14	15	16	17	18
19	20	21	22	23	24	25
26	27	28	29	30	31	

10 FRIDAY

11 SATURDAY

12 SUNDAY

DECEMBER

13 MONDAY

14 TUESDAY

15 WEDNESDAY

16 THURSDAY

S	M	T	W	T	F	S
				1	2	3	4
5	6	7	8	9	10	11
12	13	14	15	16	17	18
19	20	21	22	23	24	25
26	27	28	29	30	31	

17 FRIDAY

18 SATURDAY

19 SUNDAY

DECEMBER

20 MONDAY

21 TUESDAY

22 WEDNESDAY

23 THURSDAY

S	M	T	W	T	F	S
			1	2	3	4
5	6	7	8	9	10	11
12	13	14	15	16	17	18
19	20	21	22	23	24	25
26	27	28	29	30	31	

24 FRIDAY

25 SATURDAY

26 SUNDAY

DECEMBER

S M T W T F S
1 2 3 4
5 6 7 8 9 10 11
12 13 14 15 16 17 18
19 20 21 22 23 24 25
26 27 28 29 30 31

27 MONDAY

28 TUESDAY

29 WEDNESDAY

30 THURSDAY

JANUARY

S M T W T F S
                  1
2 3 4 5 6 7 8
9 10 11 12 13 14 15
16 17 18 19 20 21 22
23 24 25 26 27 28 29
30 31

31 FRIDAY

1 SATURDAY

2 SUNDAY

Project _____

State Date _____ Deadline _____ Completed _____

Tasks

Resources

Notes

Project _____

State Date _____ Deadline _____ Completed _____

Tasks

Resources

Notes

Project _____

State Date _____ Deadline _____ Completed _____

Tasks

Resources

Notes

Project _____

State Date _____ Deadline _____ Completed _____

Tasks

Resources

Notes

Project _____

State Date _____ Deadline _____ Completed _____

Tasks

Resources

Notes

Project _____

State Date _____ Deadline _____ Completed _____

Tasks

Resources

Notes

Project _____

State Date _____ Deadline _____ Completed _____

Tasks

Resources

Notes

Project _____

State Date _____ Deadline _____ Completed _____

Tasks

Resources

Notes

Project _____

State Date _____ Deadline _____ Completed _____

Tasks

Resources

Notes

Project _____

State Date _____ Deadline _____ Completed _____

Tasks

Resources

Notes

Project _____

State Date _____ Deadline _____ Completed _____

Tasks

Resources

Notes

Project _____

State Date _____ Deadline _____ Completed _____

Tasks

Resources

Notes

www.ingramcontent.com/pod-product-compliance
Lightning Source LLC
Chambersburg PA
CBHW061829260326
41914CB00005B/935